Phyllis Wiechert, Bianca Heinrich

Das Jahr 1945 im europäischen Kinder- und Jugendbuch

Exemplarisch aufgezeigt an "Sternkinder" von Clara Asscher-Pinkhof

GRIN - Verlag für akademische Texte

Der GRIN Verlag mit Sitz in München und Ravensburg hat sich seit der Gründung im Jahr 1998 auf die Veröffentlichung akademischer Texte spezialisiert.

Die Verlagswebseite http://www.grin.com/ ist für Studenten, Hochschullehrer und andere Akademiker die ideale Plattform, ihre Fachaufsätze und Studien-, Seminar-, Diplom- oder Doktorarbeiten einem breiten Publikum zu präsentieren.

Dokument Nr. V74850 aus dem GRIN Verlagsprogramm

Phyllis Wiechert, Bianca Heinrich

Das Jahr 1945 im europäischen Kinder- und Jugendbuch

Exemplarisch aufgezeigt an "Sternkinder" von Clara Asscher-Pinkhof

GRIN Verlag

Bibliografische Information Der Deutschen Bibliothek: Die Deutsche Bibliothek verzeichnet diese Publikation in der Deutschen Nationalbibliografie; detaillierte bibliografische Daten sind im Internet über http://dnb.ddb.de/ abrufbar.

1. Auflage 2002

http://www.grin.com/
Druck und Bindung: Books on Demand GmbH, Norderstedt Germany
ISBN 978-3-638-75544-3

Freie Universität Berlin

Das Jahr 1945 im europäischen

Kinder- und Jugendbuch

SoSe 2002

Hauptseminararbeit zum Thema

Das Jahr 1945 im europäischen Kinder- und Jugendbuch

exemplarisch aufgezeigt an

„Sternkinder"

von Clara Asscher-Pinkhof

Einleitung

Diese Hauptseminarsarbeit beschäftigt sich mit der Frage, inwieweit und wie man Kinder in der Grundschule mit dem Thema Nationalsozialismus und Holocaust konfrontieren und es ihnen auf einfühlsame Art und Weise näher bringen kann. Schon *Adorno*[1] forderte 1966, dass der Holocaust in der Erziehung nach Auschwitz ein fester Bestandteil des Grundschulunterrichts sein soll. In der Realität ist der Holocaust bisher weitgehend immer noch ebenso ein Tabuthema wie Tod und Sexualität. Eltern und Lehrern[2] fällt es schwer, dem Aufklärungsanspruch gerecht zu werden und zu entscheiden, was für Kinder zumutbar ist.

Diese Arbeit gliedert sich in vier Kapitel. Im ersten Kapitel erörtern wir die Notwendigkeit für eine geleitete Auseinandersetzung mit dem Thema Holocaust in der Grundschule. Eine große Auswahl an Kinderliteratur ist dabei eine unerlässliche Unterstützung für den Unterricht und den Lernprozess, den Lehrer und die Schüler, da eine große Vielfalt der Materialien eine individuelle Herangehensweise für jeden Schüler bietet. Exemplarisch für Kinderliteratur zum Thema Holocaust analysieren wir in Kapitel zwei das Kinder- und Jugendbuch *Sternkinder* von Clara Asscher-Pinkhof. Die daraus gewonnenen Erkenntnisse beziehen wir in Kapitel drei auf Einsetzbarkeit im Unterricht und suchen nach Möglichkeiten das Thema Holocaust in der Grundschule feinfühlig und intensiv zu behandeln. Das vierte Kapitel ist ein kurzes Fazit zur vorliegenden Arbeit.

---

[1] Adorno 1966: 88/90

[2] Zugunsten der leichteren Lesbarkeit wird auf Doppelbezeichnungen (männlich - weiblich) verzichtet

1. Beschäftigung mit dem Thema Holocaust in der Grundschule

Für viele Erwachsene ist die eigene Auseinandersetzung mit dem Thema Holocaust problematisch und mit negativen Gefühlen wie Wut, Hilflosigkeit, Unverständnis, Scham, Schuldgefühlen und Trauer besetzt. Deshalb ist es für sie unvorstellbar, dass sogar Kinder im Grundschulalter damit konfrontiert werden sollen. Wie können Erziehung und Schulunterricht dazu beitragen, dass Kinder und Jugendliche sich diesem Thema öffnen und daraus lernen?

Erwachsene halten diese Grausamkeiten für die Kinder unzumutbar und denken, sie stellen eine Überforderung dar. Vielleicht aber spiegelt sich in den Ängsten der Erwachsenen die eigene Hilflosigkeit bei der Erziehung und der nochmaligen Auseinandersetzung mit dem Thema wider. Eine Konfrontation mit dem Nationalsozialismus einschließlich des Holocaust kann von den Eltern nicht verhindert werden. Besonders jüngere Kinder begegnen diesen so genannten Tabuthemen wesentlich offener und unbefangener als Erwachsene. Die Kinder erfahren durch die Medien, die Umwelt und Gespräche mit Familienmitgliedern und anderen Kindern bruchstückartige Informationen und Eindrücke aus dieser Zeit. Wenn man nicht mit ihnen über den Holocaust spricht und ihnen hilft, die neu gewonnenen Eindrücke richtig einzuordnen und zu verarbeiten, besteht die Gefahr, dass es zu Ängsten und Vorurteilen kommt.

Die Grundschulzeit ist eine geeignete Zeit, um mit den Schülern über das schwierige Thema Holocaust zu sprechen, da sie bedingt durch die neue Gruppensituation in der Grundschule lernen müssen, sich gegenseitig zu akzeptieren und zu respektieren. Dabei entstehen erste Wertvorstellungen von Gerechtigkeit und Solidarität bei den einzelnen Schülern. Wichtig ist hier die Förderung von Sensibilität für Minderheiten, die Akzeptanz anderer Kulturen und Glaubensrichtungen und das Wissen über Not, Verfolgung, Krieg und Tod in der Welt heute und in der Vergangenheit.

Erziehung nach Auschwitz soll eine Erziehung zur Verantwortung sein. Die Schüler sollen zu einer politischen Urteilskraft geführt werden. Eine intensive Beschäftigung mit dem Thema fördert die Demokratiefähigkeit und Mündigkeit. Daneben sind Zivilcourage, Erziehung zum Frieden, Engagement, Emanzipation, Toleranz, die Fähigkeit zur Verweigerung, Sensibilisierung gegenüber Fremdenfeindlichkeit, Rechtsextremismus und Machtmissbrauch sowie gewaltfreie Lösungskompetenz bei Konflikten wichtige Kompetenzen und Werte, die ein Schüler lernen muss. Diese Werte gewinnen im Anblick der Geschichte, nicht nur der des Holocaust an Bedeutung und sind somit wichtige fächerübergreifende und soziale Ziele des Unterrichts in Deutschland.

Ziel einer Beschäftigung mit dem Thema Holocaust in der Grundschule soll außerdem Solidarität mit den Opfern nach sich ziehen und mögliche Arten von passivem und aktivem Widerstand gegenüber Tätern jeglicher Gewalt aufzeigen. Daher ist die frühe und intensive Förderung von Toleranz gegenüber Minderheiten, Schwächeren und Anderen unabdingbar. Gerade die frühe Beschäftigung mit dem Thema Holocaust hilft ein differenziertes Verständnis zu erlangen und erleichtert die spätere Auseinandersetzung ohne Vorurteile und Ängste.

Ein effektiver Unterricht zum Holocaust braucht die Unterstützung der Familien. Ein solch komplexes und emotional schwieriges Thema beschäftigt die Schüler auch nach Unterrichtsschluss. Sie stellen Fragen und erwarten ehrliche Antworten von ihren Eltern und Großeltern. Eine Aufarbeitung und ein gemeinsamer Gedankenaustausch zu Hause sind daher unbedingt notwendig.

Des Weiteren kann das Thema Holocaust nicht isoliert von anderen Unterrichtsfächern getrennt behandelt werden, sondern eine fächerübergreifende Erarbeitung ist zwingend, die sich vielmehr langfristig auf die Persönlichkeitsbildung richtet. Ebenso wichtig ist die kontinuierliche Arbeit am Thema. Der Holocaust kann nicht in einer einzelnen Unterrichtseinheit thematisiert werden, sondern soll in der Schullaufbahn eines Schülers immer wieder an geeigneter Stelle aufgegriffen werden. Sicherlich kann in der Grundschule das Thema nicht in seiner historischen Tiefe und seinem gesamten Umfang behandelt werden, aber es können erste grundlegende Informationen vermittelt werden und ein wichtiger Ansatz und Beitrag zur Erziehung nach Auschwitz geleistet werden.

Eine besondere Stellung nehmen Kinder- und Jugendbücher bei der Erarbeitung des Themas Nationalsozialismus und Holocaust ein. Zu diesem Thema gibt es neben Kinder- und Jugendromanen zahlreiche Bilder- und Sachbücher, die den Schülern individuelle Zugänge bieten. Sie unterstützen den Unterricht, liefern Identifikationsfiguren und können auf kindgerechte Weise vom Holocaust erzählen. Die kindliche Erzählperspektive macht dies für Kinder und Erwachsene besonders leicht und nachvollziehbar.

2. Sternkinder

Der Autorin Clara Asscher-Pinkhof ist es gelungen, vom Alltag und der Gefühlswelt der Kinder zu erzählen und gleichzeitig die grausame Realität des Nationalsozialismus zu zeigen. Dadurch wird nicht nur die Unschuld der Kinder besonders deutlich, sondern auch die schreckliche Wirklichkeit, in der sie leben mussten.

2.1 Die Autorin

Die Autorin des Buches *Sternkinder* Clara Asscher-Pinkhof wurde 1896 als Kind einer jüdischen Familie in Amsterdam geboren und war von Beruf Lehrerin. Da es unter dem Naziregime jüdischen Kindern verboten war, öffentliche Schulen zu besuchen, unterrichtete Clara Asscher-Pinkhof diese ab 1941. Im Jahr 1943 begleitete sie ihre Schüler ins Konzentrationslager Bergen-Belsen. Durch einen glücklichen Zufall konnte sie im Juli 1944 an einem Austausch von 250 Juden aus dem Konzentrationslager Bergen-Belsen gegen deutsche Gefangene in Palästina teilnehmen. Bevor sie 1984 in Israel verstarb, arbeitete sie dort in einem Kibbuz und später als Lehrerin für Hebräisch.

In ihrem Buch *Sternkinder* erzählt sie Geschichten aus dem Leben jüdischer Kinder und Jugendlicher auf ihrem Leidensweg von Amsterdam ins Konzentrationslager. Teilweise finden sich ihre eigene Lebensgeschichte und Erlebnisse in den Erzählungen wieder, insbesondere im fünftem Teil, der den Austausch zwischen KZ-Häftlingen und deutschen Gefangenen beschreibt und ihre Befreiung bedeutet.

2.2 Das Buch

Die holländische Erstausgabe des Buches *Sternkinder* erschien 1946 unter dem Titel *Sterrekinderen*. Es ist einer der ersten Texte, der sich mit dem Thema Holocaust und den Opfern des nationalsozialistischen Regimes rückblickend auseinander setzt und beschäftigt. Erst 1961 erschien die deutsche Übersetzung. *Sternkinder* wird vom Verlag für Jugendliche ab 14 Jahren empfohlen. Bemerkenswert ist das Vorwort von Erich Kästner:

> „Diese >Sternkinder< sind so wichtig, so erschütternd und so schrecklich wie das >Tagebuch der Anne Frank<. Die Erwachsenen und die Halbwüchsigen müssen es lesen. Da hilft keine Ausrede. Wer sich daran begeistert, wie schnell und wie hoch der Mensch zu fliegen im Stande ist, der muss auch wissen, wie rasch und wie abgrundtief er sinken kann. Beides gehört zusammen. Und auch die Schulkinder, wenigstens die älteren, sollten erfahren, wie damals Kindern mitgespielt wurde. Sie werden Fragen stellen und von den Eltern und Lehrern Auskunft erwarten. Die Aufgabe ist schwer. Aber sie ist unabwendbar. Den Abgrund der Vergangenheit zu verdecken, hieße den Weg in die Zukunft gefährden. [...] Wer aus der schuldlosen Jugend eine ahnungslose Jugend zu machen versuchte, der fügte neue Schuld zur alten."[3]

Im Jahre 1962 wurde *Sternkinder* mit dem Deutschen Jugendliteraturpreis ausgezeichnet. Allerdings kam Clara Asscher-Pinkhof nicht zur Preisverleihung nach Deutschland, da sie dieses Land nie wieder betreten wollte.

2.3 Inhalt

Das Buch *Sternkinder* erzählt aus dem Leben von jüdischen Kindern und Jugendlichen in dem seit 1940 von den Nazis besetzten Holland.

---

[3] Asscher-Pinkhof 1961: 9-10

Es gibt keine Hauptpersonen. In kurzen Episoden wird ergreifend und eindringlich das Leiden dieser unter dem Naziregime erzählt. Hierbei handelt es sich nicht um ein Einzelschicksal, sondern vielmehr repräsentieren die namenlosen Sternkinder das Dilemma der Mehrheit der jüdischen Kinder und Jugendlichen in Holland und auf ihrem qualvollen Weg in die Konzentrationslager Westerbork und Bergen-Belsen. Um dies zu verdeutlichen, wird auf jegliche Orts- und Zeitangaben verzichtet, was einen positiven Einfluss auf den Leser ausübt, da er die Einzelschicksale des Buches nicht als „Hannahs" Schicksal verdrängen kann und somit die Geschichten nicht an Aktualität verlieren. Trotzdem ist eine Identifikation mit den Figuren sehr gut möglich.

Sternkinder gliedert sich in fünf Teile, die jeweils eine Station auf dem Leidensweg der Kinder und Jugendlichen, sowie deren Eltern, darstellen:

- Sternstadt:

  In diesem Teil wird das Leben der jüdischen Bevölkerung in den Ghettos von Amsterdam beschrieben. Hier erfährt der Leser von den immer stärkeren Reglementierungen, denen die Juden unterworfen waren. Ihr Leben war geprägt durch die Ausgangssperren, dem Einkaufszwang in jüdischen Geschäften und dem Judenstern. Schon bald merkten die Kinder, dass sich das Leben der Juden immer mehr veränderte und so waren sie zunehmend Zeugen und Opfer von Verhaftungen, Abtransport, Selbstmord und Denunziationen.

- Sternhaus:

  Das Sternhaus ist ein ehemaliges Theater in Amsterdam, das von den Nationalsozialisten und ihren holländischen Helfern als Sammelstelle und Ausgangspunkt für Deportationen nach Westerbork genutzt wird. Nicht allen Menschen ist die

Ausweglosigkeit ihrer Situation bewusst und einige hoffen, dass das Ziel der bevorstehenden Reise Palästina sei. Doch der angeordnete Abtransport bringt alle in die Sternwüste, das Durchgangs- und Vernichtungslager Westerbork.

- Sternwüste

  Das Leben im Lager ist bestimmt durch die Trennung von Familienangehörigen, Enge, mangelnde Hygiene, Hunger, Verzweiflung und Angst vor der Zukunft. Die wöchentlichen Abtransporte in das Konzentrationslager Bergen-Belsen gehören zum schrecklichen Alltag.

- Sternhölle

  Im Konzentrationslager Bergen-Belsen sind die Lebensverhältnisse noch unmenschlicher und unerträglicher für die Häftlinge. Krankheiten, der Tod, Mithäftlinge und die bewusste und geplante Vernichtung jüdischen Lebens sind auch für die Sternkinder zur Realität geworden. Trotzdem oder gerade deshalb halten sie an ihrem Glauben fest und schaffen es selbst unter schlimmsten Bedingungen jüdische Feste zu feiern, die grausame Wirklichkeit zu vergessen und für kurze Zeit, Momente des Glücks zu empfinden.

- Auserwählte Sterne

  Dieser letzte Teil des Buches hebt sich von den anderen vier Teilen ab, da er nicht die grausame Geschichte der Mehrheit der Juden erzählt und daher nicht repräsentativ ist. Vielmehr berichtet er von den Auserwählten, die im Besitz von Einwanderungszertifikaten, so genannten Palästina-Papieren sind und somit durch eine Austauschaktion zwischen ca. 250 jüdischen Häftlingen und deutschen Gefangenen der Vernichtung entgehen und nach Palästina gelangen.

2.4 Historischer Hintergrund

Clara Asscher-Pinkhofs Buch *Sternkinder* vermittelt dem Leser während der Lektüre, eingeflochten in den Handlungsstrang der einzelnen Episoden, wichtige Informationen und Hinweise zum geschichtlichen Hintergrund. Die Auswirkungen des Naziregimes auf das Leben der jüdischen Bevölkerung in Holland werden exemplarisch aufgezeigt. Verknüpft mit den Erlebnissen und Gefühlen der Kinder, werden dem Leser folgende historische Fakten vermittelt:

- Einführung des Judensterns
- willkürliche Verhaftungen, Razzien
- Straßenbahnverbot für Juden
- abendliche Ausgangssperren, Kennzeichnung von jüdischen Ausweisen
- Schulverbot für jüdische Kinder
- die Existenz eines jüdischen Marktes, Einkaufsbeschränkungen für Juden, die Diskriminierung in nicht-jüdischen Geschäften, Enteignung von jüdischen Geschäftsinhabern
- Andeutungen über Euthanasie
- die Deportation von Juden in Konzentrationslager
- die Hilfsbereitschaft holländischer Mütter bei der Übernahme jüdischer Kleinkinder – ein Hinweis auf die breite niederländische Widerstandsbewegung[4]

Somit wird dem Leser verdeutlicht, was es bedeutete als Jude im besetzten Holland aufzuwachsen.

Es muss aber auch auf die Tatsache hingewiesen werden, dass dieses Buch nicht darauf abzielt systematisch historische Fakten

[4] Cloer 1988: 22

zum Holocaust in dem Maße zu vermitteln, wie ein Sachbuch, sondern vielmehr das Leiden der jüdischen Kinder in den Vordergrund stellt und somit die eigene Auseinandersetzung des Lesers mit dem Thema Holocaust herausfordert.

> „Die vagen, verschlüsselten Informationen sind offensichtlich ein Stilmittel, um die Unverständlichkeit der Situation gerade für Kinder deutlich zu machen."[5]

2.5 Faschismusverständnis

Beim Lesen des Buches wird dem Leser der Begriff Faschismus nicht erklärt. Es wird nicht darauf eingegangen, wie und warum es zur Besetzung Hollands durch die Nazis kam, geschichtliche Zusammenhänge werden nahezu komplett ausgespart.
So werden der Faschismus, Hitler und die Nationalsozialisten nur indirekt genannt. Als Pseudonyme für die Soldaten werden *die Grünen* und *die Schwarzen* gebraucht, was zur Folge hat, dass der Leser sie nicht als menschliche Gestalten, sondern als bewaffnete Maschinen wahrnimmt.

> „Erst auf Seite 152 werden sie für denjenigen, der gute Kenntnisse über die in Uniformen der nationalsozialistischen Wehrmacht hat, eindeutig identifizierbar als ‚schwerbewaffnete Männer in Uniform mit einem Totenkopf als Abzeichen'".

Für Leser ohne historisches Wissen ist es also schwer, alle politischen und geschichtlichen Hintergründe zu erkennen und zu verstehen.
Entkräftet werden kann dieser auf den ersten Blick schwer wiegende Mangel dadurch, dass den Adressaten zur Zeit der Veröffentlichung des Buches 1946 in den Niederlanden der Krieg noch präsent war

[5] Cloer 1988: 23

und daher keine genaueren Erklärungen zur politischen Lage nötig waren. Und auch heutzutage ist dieser Mangel eher positiv zu bewerten, da es somit für den Leser aktuell erscheint, übertragbar ist und nicht als Geschichte verdrängt werden kann.

2.6 Literarische Gestaltung

Das Buch ist in fünf Teile unterteilt, die Sprache ist einfach und die drei bis sechs Seiten langen Geschichten werden im Präsens erzählt. Das Buch ist chronologisch aufgebaut, jedoch lassen sich die einzelnen Geschichten auch unabhängig voneinander lesen. Es sind in sich geschlossene Handlungen, die sowohl lustige Episoden aus dem Alltag der namenlosen Kinder, als auch schreckliche Erfahrungen aus den Konzentrationslagern wiedergeben. Bis auf einige Ausnahmen sind alle Episoden aus der Perspektive von Kindern geschrieben, was es einfach macht sich in die Personen hineinzuversetzen sowie Gefühle und Ängste nachzuempfinden und sich mit den Erzählern zu identifizieren. Zwar fehlt eine gleich bleibende Identifikationsfigur, da diese von Geschichte zu Geschichte wechselt und der Leser im Unklaren darüber bleibt, ob er die jeweilige Erzählperson bereits aus vorigen Geschichten kennt, allerdings wird hierdurch eine starke Übertragungsmöglichkeit und Verallgemeinerung auf andere Schicksale möglich.

2.7 Verknüpfung von Individual- und Gesellschaftsgeschichte

Im Mittelpunkt des Buches stehen die jüdischen Kinder und Jugendlichen und ihr persönliches Schicksal. Clara Asscher-Pinkhof beschreibt hauptsächlich die Individualgeschichten der Kinder, die damit verbundenen Leiden der Kinder und die Gewalttaten und Grausamkeiten, die ihnen zugefügt wurden.

> „Die jüdischen Kinder erleben direkt und am eigenen Leib, was Faschismus bedeutet. Stück für Stück und immer radikaler verändert sich ihr Alltag bis zur völligen Zerstörung menschlicher Lebensgrundlagen im KZ."[6]

Die Gesellschaftsgeschichte sowie das Leben und die Beschwerlichkeiten der Erwachsenen werden nur am Rande geschildert. So stehen die Einzelschicksale der jüdischen Kinder und ihrer Familien im Kontrast zu der von den Nationalsozialisten geprägten Gesellschaft der Erwachsenen. Auch wenn nur die scheinbar schwachen Glieder der Gesellschaft beschrieben werden, strahlen sie trotzdem Stärke und Macht im anderen Sinne aus.

2.8 Entwicklung der Hauptpersonen

Es gibt keine Hauptpersonen, die den Leser durch das gesamte Buch hindurch begleiten, vielmehr hat jede Episode seine eigene Hauptfigur. Im Mittelpunkt des Buches stehen die Einzelschicksale der namenlosen Kinder und Jugendlichen. Obwohl es sich um Kinder und Jugendliche handelt, sind sie diese nicht mehr im eigentlichen Sinne, da sie in einem politischen und gesellschaftlichen Umfeld aufwachsen und tagtäglich mit Geschehnissen konfrontiert werden, welche eine natürliche Entwicklung unmöglich machen. Viele jüdische Kinder verloren den Kontakt zu nicht-jüdischen Freunden durch den Ausschluss aus Kindergärten und Schulen und durch die Diskriminierung der Gesellschaft, sie waren von sozial-kulturellen Aktivitäten ausgeschlossen, litten unter der Stigmatisierung durch den gelben Stern, durften ihre Wohnungen nur noch zu bestimmten Zeiten verlassen, mussten sich mit ihren Eltern verstecken und wurden in den meisten Fällen erst in ein Ghetto und schließlich in ein Konzentrationslager deportiert. Durch diese aufgezwungenen Lebensumstände war der Kontakt zu Gleichaltrigen für die Kinder und Jugendlichen problematisch und verhinderte somit einen

[6] Cloer 1988: 26

gedanklichen und emotionalen Austausch, der für die kognitive und emotionale Entwicklung unabdingbar ist. Für soziale Kontakte blieben den Kindern nur noch ihre Eltern, was zur Folge hatte, dass diese Verbindung immer enger wurde. Die ständig bedrohlicher werdende Lage führte dazu, dass die Eltern aus Angst und Sorge um ihre Kinder, diese immer mehr behüteten und ihnen damit weitere Freiheiten nahmen. Eine Abnabelung vom Elternhaus, wie sie unter normalen Lebensumständen stattgefunden hätte, war jetzt nicht mehr möglich.

2.9 Adressaten

Die Erstausgabe, die 1961 in Deutschland erschien, wurde vom Verlag für Jugendliche ab 14 Jahren befürwortet. Heute wird das Buch vom Verlag für Kinder und Jugendliche ab 12 Jahren empfohlen. Diese Altersempfehlung ist allerdings nur gültig, wenn das Buch in einer Unterrichtseinheit zum Thema Holocaust in der Schule oder auch in der Familie gelesen wird. Wenn ein zu junger und unwissender Leser mit der Lektüre alleine gelassen ist, besteht die Gefahr, dass Zusammenhänge nicht verstanden werden und die Grausamkeiten das Kinder überfordern und ein verfälschtes Bild hinterlassen. Grund hierfür ist, dass das Buch *Sternkinder* keine Erklärungen zum Nationalsozialismus und Holocaust liefert.

2.10 Kritische Würdigung

Sternkinder bietet dem Leser einen eindrucksvollen Einblick in das Leben und Leiden jüdischer Kinder und Jugendlicher unter dem nationalsozialistischen Regime. Es ist ein empfehlenswertes Buch für den Unterricht, da es in kurzen Episoden wichtige Ereignisse aus dieser Zeit bewegend und eindringlich beschreibt. Eine gesamte Unterrichtseinheit ausschließlich auf diesem Buch aufzubauen, wäre allerdings nicht empfehlenswert, da wichtige historische

Hintergrundinformationen nicht im Buch erläutert werden. Der Einsatz von einzelnen Kapiteln zu gezielten Fragestellungen ist aber durchaus bereichernd, besonders im Hinblick darauf, dass die einzelnen Episoden besonders fassettenreich sind und somit ganz individuell die verschiedenen Kinder ansprechen. Darüber hinaus ist der Einsatz dieses Buches nicht an eine Klassenstufe gebunden, sondern das Buch kann spiralförmig in den einzelnen Jahrgangsstufen immer wieder eingesetzt werden und somit den langfristigen Lernprozess zum Thema Holocaust und Nationalsozialismus begleiten.

3. Einsatz des Buches *Sternkinder* im Unterricht

Das Buch *Sternkinder* eignet sich sehr gut für den Einsatz im Unterricht der Grundschule, weil es anhand einzelner Episoden aus dem Alltag von jüdischen Mädchen und Jungen die leidvolle Geschichte der Juden erzählt und einen vielseitigen Einblick in die Judenverfolgung bietet. Die namenlosen Sternkinder berichten von vielschichtigen Ereignissen, Erlebnissen und Emotionen, die sie während der Veränderungen durch den Nationalsozialismus erleben. Sie sind den Kindern sehr nahe und stimmen sie nachdenklich. Die einzelnen Episoden enden meist mit einem offenen Ende und regen somit zu Gesprächen an, bei denen die Kinder ihre Fantasie einsetzen und ihre Emotionen ausdrücken können.

Es wäre ratsam das Buch *Sternkinder* nur auszugsweise mit den Kindern zu lesen, da wichtige historische Informationen und Zusammenhänge nur durch zusätzliches Material zu erfahren sind. Trotzdem müssen die Kinder noch nicht alles erfahren.

> „Die Geschichten, die wir ihnen erzählen, müssen keineswegs abgerundet sein – auch Lücken machen Sinn. Sie lassen sich nach und nach durch Fragen und Antworten, Erzählungen und Erklärungen füllen, die die Möglichkeit bieten, das Thema so auszuführen, wie es dem Kind und seiner Begriffs- und Empfindungswelt entspricht. [...] Daher kann eine kindgerechte Auseinandersetzung nicht immer vorrangig auf historische Angemessenheit ausgerichtet sein."[7]

Es bietet sich an, ein Kinder- oder Jugendbuch in den Mittelpunkt der Unterrichtseinheit zu stellen, in dem es eine einzige Identifikationsfigur für die Kinder gibt. Empfehlenswert ist es, eine

[7] Heyl 1996: 23/43

Geschichte zu wählen, in der die Hauptfigur am Ende nicht durch einen gewaltsamen Tod umkommt, sondern entweder überlebt oder durch eine Krankheit stirbt.

Begleitend zu einer Unterrichtseinheit empfiehlt es sich, handlungs- und produktionsorientiert sowie fächerübergreifend zu arbeiten. Daraus ergibt sich eine Vielzahl von Möglichkeiten zur Gestaltung des Unterrichts, von denen wir hier eine Auswahl exemplarisch aufzeigen wollen:

- Leseecke mit ausgewählten
    - Sachbüchern, aus denen sich die Kinder eigenständig und im Unterrichtsgespräch über geschichtliche Sachinformation und historische Fakten informieren können
    - Bilderbüchern, die einen kleinschrittigeren Zugang zum Thema ermöglichen und zu eigenen Texten anregen, in denen die Kinder ihre Gedanken und Emotionen frei ausdrücken können
    - Kinder- und Jugendbücher, die einen zusätzlichen und zum Teil ausführlicheren Einblick in das Thema bieten.

  Die Leseecke kann besonders im differenzierten Unterricht eingesetzt werden. Jeder Schüler hat die Möglichkeit an den Stellen weiterzuarbeiten, die ihn besonders interessieren. Daraus können sich auch Buchvorstellungen ergeben.

- Erkundung der näheren Umgebung auf der Suche nach jüdischen Spuren, wie z.B. Synagogen, Friedhöfe, Museen, Mahnmale und Gedenkstätten
- Erforschung der eigenen Familiengeschichte
- Erstellen einer Zeitleiste, auf der wichtige Daten eingetragen werden

- Aktuelle Tagespolitik, z.B. Rechtsextremismus, Bau eines Mahnmals
- Aufsuchen von wichtigen Orten auf einer Landkarte, z.B. Geburtsort von Anne Frank, KZ Bergen-Belsen, etc.
- Befragung von Großeltern und sonstigen Überlebenden
- Möglichkeiten für heutigen Widerstand erarbeiten
- Erstellung einer Ausstellung oder Sammelmappe, in der die Schüler die Möglichkeit haben ihre Arbeitsergebnisse zu präsentieren und andere Klassen zu informieren.

4. Fazit

Gerade die Erstellung einer Präsentation für andere Klassen und Eltern erscheint als besonders wichtig, da dadurch dem Wunsch der Kinder nachgegangen werden kann, etwas zu tun und anderen von ihrem Wissen zu erzählen.

Eine so intensive und sensible Beschäftigung mit einem so schwierigen und komplexem Thema wie dem Holocaust fördert den Zusammenhalt in der Klasse und die Toleranz und Akzeptanz für und unter einander.

Aus den in der Arbeit erörterten Gründen halten wir eine Auseinandersetzung mit dem Thema Nationalsozialismus und Holocaust in der Grundschule für sehr sinnvoll, da es neben den erworbenen Sachkenntnissen über die schreckliche Vergangenheit auch die sozialen Kompetenzen der einzelnen Schüler, das Miteinander in der Klasse und das soziale Umfeld fördert.

5. Literaturverzeichnis

1. Asscher-Pinkhof, Clara. *Sternkinder*. Berlin, 1961.
2. Beck, Gudrun. „Holocaust als Thema in der Grundschule." *Die Grundschulzeitschrift*, 97 (1996) 11-17.
3. Cloer, Ernst (Hrgs). *Das Dritte Reich im Jugendbuch. Zwanzig neue Jugendbuch-Analysen*. Weinheim und Basel, 1988.
4. Heyl, Matthias. „Mit Kindern im Grundschulalter über den Holocaust sprechen." *Die Grundschulzeitschrift*, 97 (1996) 24-43.
5. Klauer, Viola und Voss, Helena. „Sternkinder." *Die Grundschulzeitschrift,* 97 (1996) Material.

Lightning Source UK Ltd.
Milton Keynes UK
UKRC02n0324231018
331008UK00007B/64

* 9 7 8 3 6 3 8 7 5 5 4 4 3 *